ABC der Tiere 2
Arbeitsheft Lesebuch

Herausgegeben von
Klaus Kuhn

Erarbeitet von
Katrin Herter
Klaus Kuhn
Kerstin Mrowka-Nienstedt

Name: ______________________________

Klasse: ______________________________

Mildenberger

Die Symbole bedeuten

Schreibe in das Arbeitsheft.

Male in das Arbeitsheft.

Schreibe in dein Heft.

Die Texte zu diesen Aufgaben sind etwas schwerer.

1. Diese Aufgabe kannst du zusätzlich bearbeiten.

Klassengespräch

Partner- oder Gruppenarbeit

Ich – Du – Wir

Über Lernen sprechen

Rollenspiel

Aufgaben** im
1. Anforderungsbereich 1
2. Anforderungsbereich 2
3. Anforderungsbereich 3

** Die Aufgaben orientieren sich an den Anforderungsniveaus der Bildungsstandards und Lehrpläne der Bundesländer

Impressum

Bestell-Nr. 2405-92 · ISBN 978-3-619-24592-5
erarbeitet von Katrin Herter, Klaus Kuhn und Kerstin Mrowka-Nienstedt
nach der Ausgabe „ABC der Tiere 2 – Arbeitsheft Lesebuch“ (2402-92)
von Irene Fink, Rosmarie Handt, Katrin Herter, Klaus Kuhn,
Kerstin Mrowka-Nienstedt, Edmund Wetter

Auflage 4 3 2 1
Jahr 2019 2018 2017 2016

www.mildenberger-verlag.de
E-Mail: info@mildenberger-verlag.de

Illustration: Ingrid Hecht, 30163 Hannover;
Achim Schulte, 44263 Dortmund – Umschlag und Schmutztitel (Kinder / Weltkugel)
Bildquellen: S. 19: Maren © privat; Ketten © colourbox.com; Figuren © fotofun – Fotolia.com;
S. 20: Murat Porträt © Juanimonino – iStock
U4: Hase © Vera Kuttelvaserova – Fotolia.com; Pferd © Eric Isselée – Fotolia.com; Ziege © JackF – Fotolia.com; Dalmatiner © Eric Isselée – Fotolia.com; Katze © grafikplusfoto – Fotolia.com; Gans © Ana Gram – Fotolia.com

Druck: B&K Offsetdruck GmbH, 77833 Ottersweier
Gedruckt auf umweltfreundlichen Papieren.

Bezugsmöglichkeiten

Alle Titel des Mildenberger Verlags erhalten Sie unter: www.mildenberger-verlag.de oder im Buchhandel. Jede Buchhandlung kann alle Titel direkt über den Mildenberger Verlag beziehen. Ausnahmen kann es bei Titeln mit Lösungen geben: Hinweise hierzu finden Sie in unserem aktuellen Gesamtprogramm.

Markieren die farbigen Silben die Worttrennung?

Die farbigen Silben zeigen die Sprech-Silben eines Wortes an. In den allermeisten Fällen ist das identisch mit der möglichen Worttrennung am Zeilenende. In erster Linie bei der Trennung einzelner Vokale (a, e, i, o, u; z.B. E-va, O-fen, Ra-di-o) gibt es einen Unterschied: Nach der aktuellen Rechtschreibung werden diese am Zeilenende nicht abgetrennt. Da diese Wörter aber mehrere Sprech-Silben haben, sind diese auch mit zwei Farben gekennzeichnet:
Eva, Ofen, Radio.

www.ABC-der-Tiere.de

Inhalt

Kartengrüße aus den Ferien

S. 7

1. Finde die vier Reimwörter zu Aufgabe 2 und schreibe sie auf die Linien. Streiche die Silben ab. Tipp: Schau den Text unten für die Postkarte an.

2. Schreibe den Text für die Postkarte. Setze die Reimwörter in die Lücken ein.

Liebe Mama,

hier im Lager in den Zelten,

sind wir immer nur ganz ______.

Lieber baden wir im See,

oder spielen ______.

Wir erleben Abenteuer,

abends gibt es ______.

Gabel gibt es nicht noch Messer,

und zu Hause schmeckt es ______.

Kartengrüße aus Europa

S. 8, 9

1. Drei Grußkarten kommen aus den Hauptstädten der Länder.
Setze die Ländernamen ein und male die jeweilige Flagge aus.
Informiere dich im Internet oder im Lexikon.

Hauptstadt	Land	Flagge / Fahne
Paris		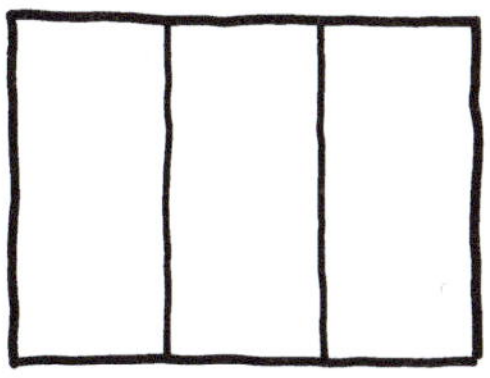
London		
Rom		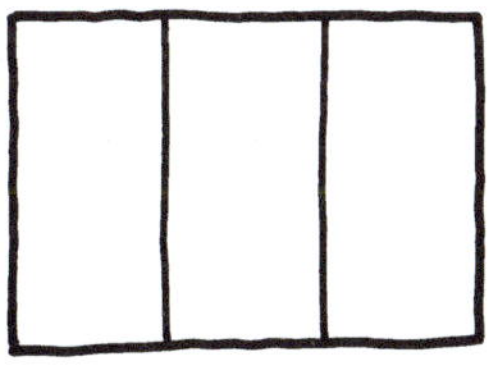

2. Eine Grußkarte kommt aus Griechenland. Dort verwendet man eine andere Schrift als bei uns. Sie heißt Kyrillisch. Welche Karte ist es? Beschreibe kurz, was du darauf siehst, und male die Flagge aus.

3. Viele Staaten von Europa sind Mitglied der Europäischen Union (EU).
Zwischen diesen Staaten gibt es keine Grenzen mehr und sie wollen zusammenarbeiten.
Die Gemeinschaft der EU hat eine eigene Flagge.
Finde die Farben heraus und male die Flagge an.

Das beste Fundstück

S. 12, 13

1. Beantworte die Fragen und trage die Lösungen ein.

1) Wer lebt im Norden und wird auch Inuit genannt?
2) Was bewahrt Ben in seiner Keksdose auf?
3) Was will Ben werden?
4) Was bewahrt Ben im Marmeladenglas auf?
5) Was legt Ben in ein mit Wasser gefülltes Einmachglas?
6) Womit will Ben in den hundertsten Stock fahren?
7) Wo bewahrt Ben seine besonderen Fundstücke auf?
8) Welches große Raubtier lebt am Nordpol?
9) Wie heißt ein Feuer speiender Berg?
10) Was legt Ben in kleinen beschrifteten Schachteln ins Regal?
11) Wen hat Ben noch nie gesehen?

2. Die Buchstaben in den gelben Feldern ergeben das Lösungswort.
Piraten verstecken ihre Beute in einer

______________________________.

Jule und der Wunderstein

1. Kreuze die richtige Lösung an.

1) Jule mag nicht in die Schule gehen, …
   - B ☐ weil sie sich vor der Schule fürchtet.
   - A ☐ weil sie sich vor der Biker-Bande fürchtet.
   - R ☐ weil sie sich vor den Mitschülern fürchtet.

2) Jule sitzt am Bach …
   - S ☐ und will Fische beobachten.
   - L ☐ und denkt über die bösen Jungs nach.
   - N ☐ und entdeckt einen glitzernden Stein.

3) Jules Oma nennt den Stein einen Wunderstein, …
   - K ☐ weil man mit ihm zaubern kann.
   - G ☐ weil er so hell funkelt.
   - O ☐ weil er rund ist.

4) Jule geht am Montagmorgen in die Schule, …
   - U ☐ obwohl sie keine Lust hat.
   - S ☐ obwohl ihre Beine weich wie Pudding sind.
   - D ☐ obwohl sie ganz traurig ist.

5) Jules Wunderstein …
   - R ☐ hilft auch dieses Mal nicht.
   - P ☐ ist eine gute Waffe gegen die Biker-Bande.
   - T ☐ gibt ihr Mut, pfeifend an den Jungs vorbeizugehen.

2. Die Buchstaben vor den richtigen Aussagen ergeben das Lösungswort.

Mit dem Wunderstein in der Tasche

kann Jule ihre ☐ ☐ ☐ ☐ ☐ überwinden.

Hinweis: Suche Hilfe, wenn du ständig von jemandem geärgert wirst – bei deinen Eltern, deinem Lehrer oder bei einem anderen Erwachsenen.

S. 21

1. Schreibe die passenden Wörter in die Lücken.

verstehen, helf, sing, hörst, mir, ping, wir, dir, Tor, Angriff, Sachen

Ich bin ich und du bist du.
Wenn ich rede, ________ du zu.
Wenn du sprichst, dann bin ich still,
weil ich dich ________ will.
Wenn du fällst, ________ ich dir auf,

und du fängst mich, wenn ich lauf.
Wenn du kickst, steh ich im ________,
pfeif ich ________, schießt du vor.
Spielst du pong, dann spiel ich ________,

und du trommelst, wenn ich ________.
Allein kann keiner diese ________,
zusammen können wir viel machen.
Ich mit ________ und du mit ________ –
das sind ________.

Irmela Brender

Drei Ameisen und der Elefant

S. 22

1. Schreibe auf, was die Ameisen erforschen und über den Elefant sagen.

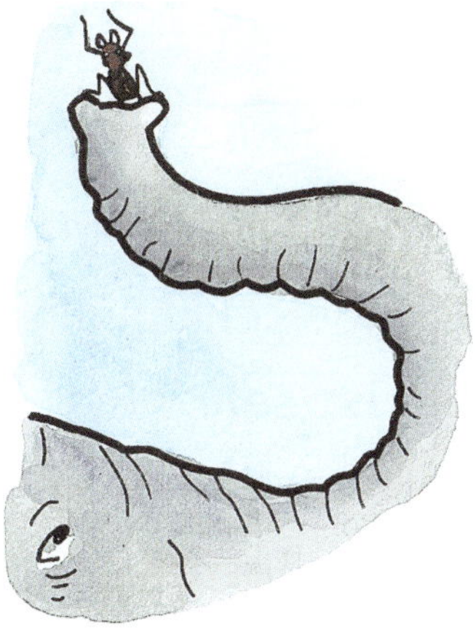

Die erste Ameise erforscht den ______.

Sie sagt: ______

Die zweite Ameise erforscht ein ______.

Sie sagt: ______

Die dritte Ameise erforscht den ______.

Sie sagt: ______

2. Keine Ameise hat recht. Welchen Fehler macht jede von ihnen?
Überlege mit deinem Partner und schreibe deine Antwort auf.

Drei Ameisen und der Elefant

S. 22

Wie könnten die Ameisen ihren Streit beenden?
Jede Ameise hat sich eine Lösung für den Streit ausgedacht.

1. Welchen Vorschlag findest du am besten?
   Male ein ☺ dazu und sprecht in der Klasse darüber.

Die Ameisen sind mit dem zweiten Vorschlag einverstanden.
Nachdem sie die Höhle gesehen haben,
klettern alle drei an der Säule auf und ab.
Danach krabbeln sie um die Kugel.
Jetzt verstehen die Ameisen besser, was ein Elefant ist.

2. Schreibe die richtigen Wörter in die Lücken.

Die lange, gebogene Höhle ist der ______________.

Die schwebende Kugel ist der ______________.

Die riesigen Säulen sind die ______________.

Alle Teile gehören zum ______________.

Jetzt haben die drei Ameisen keinen Streit mehr wegen des Elefanten.

Nina und das Gänseblümchen

S. 23

Das Gänseblümchen stellt sich vor

Ich bin das Gänseblümchen.
Den Winter verbringe ich tief schlafend
in meinem Wurzelstock unter dem Schnee.
Schon im März wachsen meine olivgrünen Blätter in einer Rosette.
Aus ihrer Mitte strecke ich meine graugrünen Stängel
zehn Zentimeter in die Höhe.
Dort ist dann der offene Blütenkopf. Er war zuerst eine Knospe.
Er ist in der Mitte gelb und wird von weißen Blättchen eingerahmt.
Wie alle sagen, bin ich ein sehr schönes Blümchen.
Ich wende mich immer der Sonne zu.
Nachts und bei schlechtem Wetter schließe ich meine Blüten.
Ich wachse in Wiesen und Parks und an vielen anderen Stellen.

1. Schreibe die Begriffe zur Abbildung.

2. Male das Gänseblümchen farbig aus.

Meine Füße sind der Rollstuhl

S. 24 – 27

Aufgaben zur Überschrift – **vor** dem Lesen der Geschichte zu bearbeiten

„Meine Füße sind der Rollstuhl.“ Das sagt Margit.

Margit ist etwa so alt wie du. Welche Probleme hat sie?

1. Überlege mit deinem Partner.
2. Schreibe deine Antwort auf.

Hier ist ein Bild von Margit.

Mit dem Rollstuhl kann sie nicht hüpfen oder springen.

Sonst kann sie alles wie du und ich.

3. Suche das passende Wort auf dem Teppich und schreibe auf, was Margit kann.

Mit dem Kopf kann sie

Mit den Ohren kann sie

Mit den Augen kann sie

Mit dem Mund kann sie

Mit den Armen kann sie

Mit den Händen kann sie

4. Margit kann natürlich noch viel mehr. Was fällt dir ein? Schreibe deine Antworten in dein Heft.

Meine Füße sind der Rollstuhl

Aufgaben – **nach** dem Lesen der Geschichte zu bearbeiten

Lies die Geschichte „Meine Füße sind der Rollstuhl“.

Erinnerst du dich an den Anfang?

1. Schreibe auf, was Margit am Morgen macht.

Das macht ihr Mühe:

Das macht sie gerne:

2. Margit hat auf dem Weg zum Supermarkt einige Erlebnisse.
Wie fühlt sie sich dabei? Schreibe das passende Wort aus der Geschichte in die Lücken.

Das erlebt Margit auf dem Weg zum Supermarkt:	**So fühlt sich Margit dabei:**
Eine Mutter zieht ihr Kind weg und tuschelt.	Zeile 32 Margit ist
Margit kann nicht über die Gehsteigkante fahren.	Zeile 38 Margit hat
Sie hört, wie ein älteres Pärchen mitleidig über sie spricht.	Zeile 49 Margit ist
Sie will die Äpfel und die Milch gerade selbst aus dem Regal nehmen, da holt ein Verkäufer schon alles für sie.	Zeile 59 Margit ist

S. 24 – 27

Was hat diese Geschichte mit dir zu tun?
Bekommt man mit einer Freundin oder einem Freund wirklich mehr Mut?

1. Schreibe auf, wann es dir so ergangen ist.

Sigi sagt zu Margit: „Wir haben etwas Besonderes an uns." (Zeile 72)
Manchmal hat jedes Kind „etwas Besonderes an sich" und kann nicht richtig mitspielen oder wird verspottet. Überlege ein Beispiel.

2. Schreibe einige Wörter auf, damit du dich an dein Beispiel erinnern kannst, wenn ihr in der Klasse darüber sprecht.

Margit und Sigi sind nett und werden deine Freunde.
Was könnt ihr zusammen machen?
Denke daran, was Margit dabei mitmachen kann.

3. Schreibe deine Ideen auf.

– im Zimmer

– auf dem Schulhof

– am Nachmittag

Kai will nicht zum Kaufmann gehen. Er erfindet immer neue Ausreden.

1. Schreibe die richtigen Wörter in die Lücken und ergänze den Satz.

Zeile 8 bis 11

Kai ist ein ___ auf einer kleinen Eisscholle.

Um ihn herum schwimmen ___.

Warum ist das gefährlich?

Das ist gefährlich, weil ___

___

Zeile 16 bis 19

Kai ist ein ___ auf einem Baum im Urwald.

Unter dem Baum spannen ___ ein Netz.

Warum ist das gefährlich?

Das ist gefährlich, weil ___

___

Zeile 24 bis 26

Als die Mutter wieder fragt, ist Kai eine ___.

Was macht Kai?

___

Was macht die Mutter?

___

2. Wie geht die Geschichte weiter? Schreibe ins Heft.

Die Geschichte vom Schmetterling

S. 30, 31

Aus dem Ei schlüpft die Raupe. Die Raupe verwandelt sich in ihrer Puppenhülle und schlüpft als neuer Schmetterling heraus.

1. Jetzt beginnt unsere Geschichte. Der neue Schmetterling sitzt auf der Mauer. Wie fühlt er sich?

   Lies die Zeilen 5, 10 und beantworte die Frage in einem Satz.

2. Wer summt um den Schmetterling herum? Schreibe die drei Insekten von Zeile 11, 12, 13 auf.

3. Die anderen Insekten machen dem Schmetterling Mut. Gelingt das? Lies die Zeilen 15 bis 18 und antworte in einem Satz.

4. Da kommt der Wind und hebt den Schmetterling einfach in die Luft. Wie fühlt sich der Schmetterling jetzt? Lies ab Zeile 20 und beantworte die Frage mit zwei Sätzen.

Franz schreibt sein Erlebnis an seine Oma.

1. Schreibe die fehlenden Wörter in die Lücken.

Liebe Oma,

heute hatte ich einen sehr aufregenden Tag in der Schule. Das kam so:

Du weißt ja, dass meine Stimme immer ________ wird,

wenn ich aufgeregt bin. Gestern Morgen rutschte ich im Bad aus

und mein ________ wurde nass. Alles, was der Lehrer

oder ich geschrieben hatten, wurde zu ________.

Etwa so: . In der Schule wollte ich

dem ________ alles erklären, aber ich ________ nur.

Am Nachmittag ging ich zu Gabi. Das ist meine ________.

Gabi sagte: „Wenn du in der ________ nicht sprechen kannst,

musst du zu Hause ________.

Sprich deine Entschuldigung auf eine ________."

Heute Morgen habe ich die ________ abgespielt und dabei

den Mund ________ und ________ und ________ und ________ gemacht.

Das fanden alle lustig. Der Lehrer gab mir ein neues ________.

Das war ein sehr, sehr schöner Tag.
Viele Grüße, dein Franz

1. Schneide die Textstreifen von Ausschneideblatt Seite 79 aus und klebe sie in der richtigen Reihenfolge auf das Arbeitsblatt. Klara sagt:

2. Schneide die Torte von Ausschneideblatt Seite 79 aus und klebe sie in das richtige Bild (oben oder unten).

Maren

1. Beschreibe Maren in Stichwörtern.
Lies noch einmal die angegebenen Zeilen.

– Alter, Zeile 1:

– Familienmitglieder, Zeile 19, 20:

– Schule, Zeile 3:

– Hobby, Zeilen 25, 39:

– Behinderung, Zeile 17:

– Welche Hilfen erhält sie? Zeilen 9, 37, 38, 40:

– Was macht sie gern und gut? Zeilen 18, 29, 46:

2. Kennst du jemanden, der auch eine Behinderung hat?
Beschreibe die Person nach denselben Stichwörtern und füge den Namen und ein Foto hinzu. Schreibe ins Heft.

Murat ist nicht doof

S. 40, 41

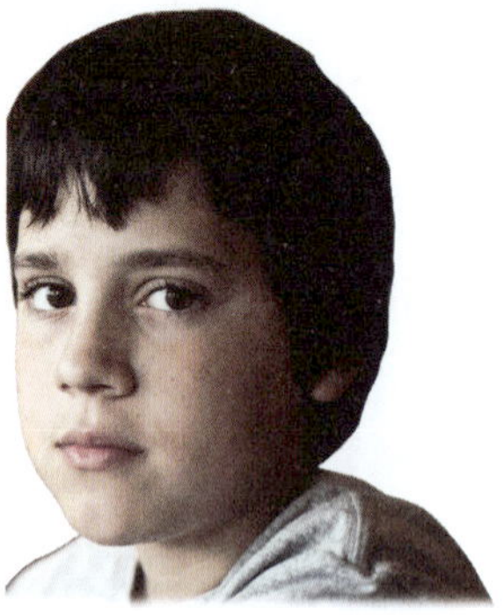

Wie fühlt sich Murat?

1. Versetze dich – zusammen mit einem Partner – in Murats Lage.
Streiche durch, wie er sich bestimmt nicht fühlt.
Markiere rot, wie er sich fühlt.

a) Murat sitzt auf seinem Platz, hat den Kopf in die Hände gestützt und blickt starr geradeaus.

Er ist [G] glücklich, [ö] froh, [m] traurig, [w] einladend.

b) Murat wird von Marion angesprochen.

Er ist [s] böse, [D] abweisend, [u] glücklich, [O] entsetzt.

c) Murat merkt, dass Linus etwas zu Marion sagt. Sie spricht danach nicht mehr mit ihm.

Er ist [f] zufrieden, [H] erleichtert, [z] froh, [s] enttäuscht.

d) Murat sieht, dass seine Schultasche, die Plastiktüte, voller Abfall ist und erschrickt.

Er fühlt sich [s] verspottet, [u] ruhig, [n] erheitert, [ä] willkommen.

2. Die Buchstaben vor den roten Markierungen ergeben das Lösungswort.

Murat wird gemobbt.

Er [ ] [ ] [ ] [ ] Hilfe von einem Erwachsenen und auch von den Mitschülern erhalten.

Mio bei den Prärieindianern

S. 48 – 52

1. Schreibe zu jedem Abschnitt die passende Überschrift.
   Die Überschriften sind in den Bohnenranken versteckt.

Großmuttererzähltvom Wetter Mioerwachtim
Baumhaus DasIndianerdorf DasSammelnderErdbohnen

Mio sitzt mit dem Indianerjungen auf einem Hügel und schaut auf ein Indianerdorf hinab. Dort stehen Tipis im Kreis.

Großmutter macht die Kinder auf die Präriekraniche aufmerksam. Sie erklärt: „Wenn die Kraniche schreien, ändert sich das Wetter."

Großmutter will Erdbohnen sammeln. Sie erzählt: „Die Wiesenmäuse schaffen die dicken Erdbohnen als Wintervorrat in ihren Bau. Die Bohnen wachsen unter der Erde. Sie sind im dichten Präriegras schwer zu finden."

Mio ist aufgewacht. Er hört plötzlich das Trommeln auf dem Dach seines Baumhauses. Hoka ist wieder ein Bild in seinem Buch. Er scheint Mio anzulächeln.

Kapitän Kralle

S. 53 – 57

1. Kreuze an.
Aus den Buchstaben bei den richtigen Aussagen ergibt sich ein Lösungswort. Trage es in den Lösungssatz unten ein.

			richtig	falsch
R	1)	Kapitän Kralle war ein böser Seeräuber.		
ä	2)	Er löschte das Licht im Leuchtturm und entzündete an einer anderen Stelle am Strand ein neues Feuer.		
t	3)	Dadurch gab es für die Schiffe mehr Licht und sie konnten zum Hafen segeln. 		
u	4)	Die Piraten plünderten die gestrandeten Schiffe.		
m	5)	In einer Sommernacht warteten die Piraten geduldig auf ein Handelsschiff. 		
e	6)	Sie raubten diesmal nichts, weil sie noch genug Vorräte hatten. 		
b	7)	Der Piratenkapitän entdeckte den Schiffsjungen hinter einer Goldkiste. 		
e	8)	Der Schiffsjunge wehrte sich.		
n	9)	Der Piratenkapitän wurde Kapitän Kralle genannt, weil seine langen Fingernägel wie echte Krallen aussahen. 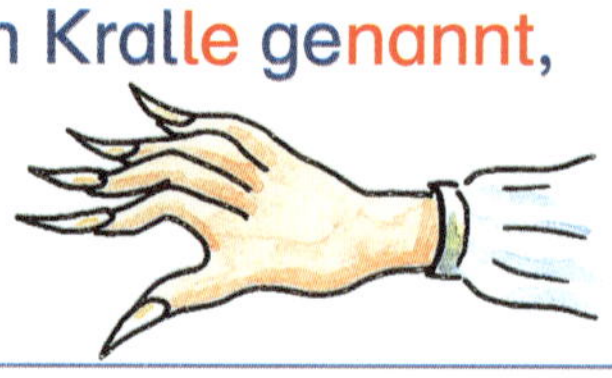		
r	10)	Man erzählt sich, dass Kapitän Kralle im Nebel mit seinem Geisterschiff erscheint und einen Schiffsjungen sucht.		

2. Es sind 6 richtige und 4 falsche Sätze.
Lösungssatz: Alle Piraten waren böse ______ ______ ______ ______ ______ ______ .

Ebbe und Flut

S. 58, 59

1. Ergänze die Sätze mit den passenden Wörtern aus dem Pool.
Lies noch einmal die angegebenen Zeilen im Text.

1) Erde und Mond ziehen sich __________ an.

2) Bei Ebbe sinkt der __________, bei Flut steigt er.

3) Durch die __________ des Mondes entsteht eine Flut.

4) Diese Flut bildet sich dort, wo der Mond über der __________ steht.

5) Die zweite Flut entsteht durch die __________ des Wassers.

6) Das feuchte Land bei Ebbe nennt man __________.

7) Am Tag gibt es __________ Ebbe und Flut.

8) Jede Ebbe und jede Flut dauert sechs __________.

- Zeile 17: gegenseitig
- Zeile 21: Erde
- Zeile 19: Anziehungskraft
- Zeile 8: Wasserspiegel
- Zeile 29: Fliehkraft
- Zeile 5: Watt
- Zeile 7: Stunden
- Zeile 35: zweimal

Flucht im Dschungel

S. 60, 61

1. Errate die fehlenden Wörter der Sätze unten und trage sie richtig ins Kreuzworträtsel ein. In der senkrechten Spalte steht das Lösungswort.

1) Der große … hat das Spiel mitgebracht.

2) Er heißt …

3) Die … des Häuptlings ist auf der Flucht.

4) Sie heißt …

5) Mutter sagt: „Leni, es ist acht …“

6) Als Leni die Augen schließt, schwirrt ein … heran.

7) Feindliche … wollen die Häuptlingstochter fangen.

8) Leni sitzt schweißnass in ihrem …

9) Mutter holt ein … Wasser.

2. Trage das Lösungswort ein.

Die Häuptlingstochter flieht durch den ______________________.

Der Computer-Arbeitsplatz

S. 62

1. Schreibe die passenden Wörter in die Lücken.

Malte will ein Computerspiel spielen.

Um den  ____________ anzumachen, drückt er den Startknopf am  ____________. Auf dem Bildschirm, auch  ____________ genannt, sieht er nun den Mauszeiger. Damit er niemanden stört, schaltet er die  ____________ aus und setzt sich das  ____________ auf. Mithilfe des Mikrofons kann er mit anderen Spielern sprechen und aus den Kopfhörern hört er, was sie sagen.

Er legt das Spiel in das  ____________ und spielt dann mit 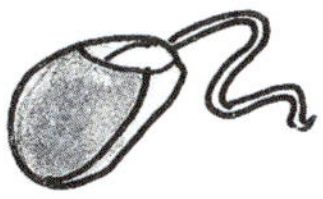 ____________ und  ____________.

Es kann losgehen!

2. Was bin ich? Schreibe die Namen des gesuchten Computer-Zubehörs.

a) Ich bin die glatte Unterlage für ein wichtiges Eingabeinstrument am PC: ____________

b) Mit mir kannst du Bilder in den Computer einlesen: ____________

c) Ich bringe Texte aus dem PC auf das Papier: ____________

Ein Welpe kommt ins Haus

1. Hast du ein Haustier? Erzähle, wie es in euer Haus gekommen ist. Beachte dabei diese Stichpunkte.

1) Warum ich mir ein Haustier gewünscht habe:

2) Warum es ein Hund, eine Katze, ein Meerschweinchen, … sein sollte:

3) Wie ich die Ankunft des Tieres vorbereitet habe:

4) Die Auswahl, der Kauf und der Weg nach Hause:

5) Endlich war es da!! Worauf ich am Anfang achten musste:

Wenn du kein Haustier hast, erzähle von Familie Schuster und Bella.

Der Kuckuck – ein seltsamer Vogel

Informiere dich in Sachbüchern oder im Internet.

1. Kreuze jeweils die richtige Lösung an.
   Aus den Buchstaben vor den richtigen Aussagen ergibt sich das Lösungswort.

Der Kuckuck ist so groß wie …
- F ☐ eine Amsel.
- L ☐ ein Rabe.
- K ☐ eine Taube.

Auf der weißen Bauchseite hat er …
- R ☐ braune Punkte.
- E ☐ gelbe Streifen.
- U ☐ graue Querstreifen.

Die Kuckucksweibchen sind oft …
- H ☐ grünlich gefärbt.
- C ☐ bräunlich gefärbt.
- K ☐ rötlich gefärbt.

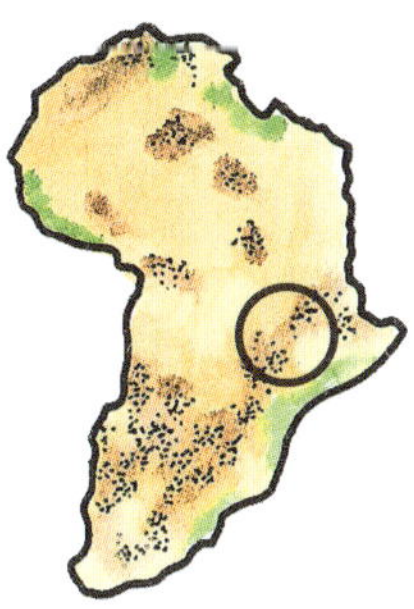

Im Winter zieht der Kuckuck nach …
- F ☐ Asien.
- K ☐ Afrika.
- S ☐ Amerika.

Seine Flugstrecke beträgt …
- I ☐ 100 Kilometer.
- L ☐ 1 000 Kilometer.
- U ☐ 10 000 Kilometer.

Seine Nahrung besteht aus …
- F ☐ Samen.
- C ☐ Insekten.
- K ☐ Beeren.

Das Weibchen legt bis zu …
- T ☐ 10 Eier in
- K ☐ 20 verschiedene
- B ☐ 30 Nester.

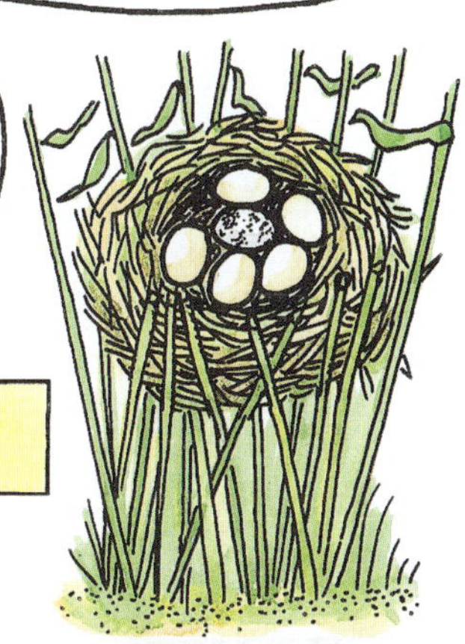

Das Lösungswort lautet: ☐ ☐ ☐ ☐ ☐ ☐ ☐

2. Schreibe die richtigen Sätze in dein Heft.

Endlich Reitstunden!

S. 78 – 81

1. Beantworte die Fragen und trage die Lösungen ein.

1) Wie heißt die Familie, die den Hof besitzt?
2) Anne durfte ein Pony am … führen?
3) Den Feriengästen macht das … großen Spaß.
4) Annes Lieblingspony heißt …
5) Vor und nach dem Reiten müssen die … ausgekratzt werden.
6) Heidi, Annes Lieblingspony, kennt den …
7) Anne erhält Reit… in ihrer Größe.
8) Anne trägt zum Schutz einen Reiter… auf dem Kopf.

2. In der senkrechten Spalte steht der Fachausdruck für ein Putzzeug.

Lösungswort: ______

Pferde helfen Menschen

S. 82

Auch Hunde helfen den Menschen.
Blindenführhunde sind sehr aufmerksam. Sie bemerken die Hindernisse auf dem Weg ihres Herrchens und führen ihn außen herum.
Rettungshunde haben einen besonders guten Geruchssinn. Sie finden Menschen unter Lawinen. Signalhunde hören sehr gut und zeigen ihren tauben oder schwerhörigen Besitzern, woher wichtige Laute oder Geräusche kommen. Hütehunde halten eine Herde zusammen.

1. Schreibe die passenden Bezeichnungen der Hunde unter die Bilder.

2. Was kann dieser Hund besonders gut?

Wie die Bohnen wachsen

S. 87, 88

1. Schreibe zu jedem Abschnitt die passende Überschrift.
   Die Überschriften sind zwischen den Bohnenranken versteckt.

BohnenimBlumentopf WieMutterdieBohnenverwendet

DieEisheiligen LorenzundLaurabeobachten

Mutter will aus den Bohnen keine Suppe kochen. Sie will die Bohnen als Samen in die Erde stecken. Dann können neue Bohnen daraus wachsen.

Die Eisheiligen heißen Mamertius, Pankratius, Servatius, Bonifatius und Kalte Sophie. Sie haben am 11., 12., 13., 14. und 15. Mai Namenstag. An diesen Tagen kann es noch Frost geben.

Die Bohnen sind sehr empfindlich gegen Frost. Deshalb soll man sie erst nach den Namenstagen der Eisheiligen aussäen. Aber in der warmen Wohnung wollen die Kinder nun im Blumentopf Bohnenpflanzen ziehen.

Die Kinder wollen die Pflanzen beim Wachsen beobachten. Lorenz will seine Beobachtungen aufschreiben. Laura will ihre Beobachtungen aufmalen.

Wie die Bohnen wachsen

S. 87, 88

Beantworte die Fragen zur Geschichte.

1. Welche Bohnensorten hat Mutter auf dem Küchentisch liegen?

2. Warum kocht Mutter aus den Bohnen keine Suppe?

3. Warum steckt Mutter die Bohnen nach den Eisheiligen in die Erde?

4. Was braucht eine Pflanze zum Wachsen?

5. Wie wollen Lorenz und Laura ihre Beobachtungen festhalten?

Die Wiese, ein kleiner Dschungel

S. 89, 90

1. Schreibe zu jedem Abschnitt die passende Überschrift.
   Die Überschriften sind im Blütenkranz versteckt.

DiePflegederWiese EntdeckungeninderWiese DasSpielam
Wiesenrand InderWieseistwaslos

Die Eltern rasten mit Lorenz und Laura am Wiesenrand. Lorenz und Laura liegen auf dem Bauch und schauen in die Wiese. Sie staunen über das, was sie dort beobachten können.

Laura unterscheidet viele verschiedene Gräser. Die Gräser gefallen ihr. Sie zeichnet die Gräser in ihren Notizblock. Unzählige kleine Tiere kriechen, krabbeln und fliegen umher.

Vater erklärt: „Die Wiese muss mehrmals im Jahr geschnitten werden oder das Vieh muss die Wiese abweiden. Wenn das nicht geschieht, wachsen dort wieder Büsche und Bäume."

Mutter macht mit den Kindern ein Spiel. Die Kinder sollen die Augen schließen und auf die Geräusche achten. Wer ein Geräusch hört, benennt es. Gewonnen hat, wer die meisten Geräusche gehört hat. Er bekommt eine Überraschung.

Die Wiese, ein kleiner Dschungel

S. 89, 90

Die Eltern rasten mit Lorenz und Laura am Wiesenrand.

Beantworte die Fragen zur Geschichte in Sätzen.

1. Was sehen die Kinder in der Wiese?

2. Was zeichnet Laura in ihr Notizbuch?

3. Was muss getan werden, damit die Wiese erhalten bleibt? (Zeile 28 – 33)

4. Welche Geräusche hören die Kinder in der Wiese?

Was ist eine Wiese?

S. 91

Auf einer Wiese ist was los!

Diese Verben kommen im Gedicht vor: summen, krabbeln, üben, öffnen, brummeln, bammeln, bummeln, geigen, zappeln, spielen, flitzen.

1. In welchen Wörtern oder Sätzen des Gedichts stecken sie? Ergänze.

Bienen ______

Ameis ______

Käfer ______

Heupferd ______ den Weitsprung bis zum Kümmel.

Sommerfliegen ______ über Storchschnabelmützen.

Hummeln ______ im Honighaus.

Glockenblumen ______ und ______.

Unten am Löwenzahn ______ eine Grillenschnarre.

Der Wind ______ mit den Halmen Harfe oder Gitarre.

2. Was gefällt dir an einer Wiese?

a) Schreibe Stichwörter.

______

______

______

______

b) Tausche dich mit einem Partner aus.

c) Präsentiert eure Ergebnisse in der Klasse.

Der Löwenzahn hat viele Namen

S. 92, 93

Die Lehrerin fragt: „Wie kommt die Blume zu ihren verschiedenen Namen?"

1. Trage die Namen der Blume an der richtigen Stelle in die Texte ein.
Schau im Lesebuch nach, ob du richtig geschrieben hast.

Die Blume heißt

- ____________, weil die Blätter am Rand wie große, scharfe Zähne aussehen.
- ____________, weil die Blüten so gelb wie Butter sind.
- ____________, weil man daraus Blumenketten flechten kann.
- ____________, weil man die reifen Samen wegpusten kann.
- ____________, weil sie in den Stängeln einen weißen Saft hat.

2. Wo überall kann der Löwenzahn wachsen und blühen?

3. Welcher Teil der Löwenzahnpflanze wird als Salat verwendet?

4. Warum soll man Löwenzahnblätter nicht an einer stark befahrenen Autostraße sammeln?

Der Löwenzahn hat viele Namen

S. 92, 93

Rezept für einen Salat aus Löwenzahnblättern

Schau in deinem Lesebuch auf Seite 93 nach.

1. Schreibe auf, welche Zutaten du für den Salat brauchst.

1)

2)

2. Schreibe auf, wie du den Löwenzahnsalat zubereiten kannst.

1)

2)

3)

Gemüseball

S. 94

Es gibt natürlich noch viel mehr Gemüsearten und Kräuter, als im Gedicht vorkommen. Acht davon stecken im Gitter-Rätsel: Kartoffeln, Bohnen, Tomaten, Gurken, Erbsen, Karotten, Salbei, Schnittlauch.

1. Finde sie und markiere die Felder. (Informiere dich, wenn du ein Wort nicht kennst.)

K	A	R	T	O	F	F	E	L	N	B	A
F	I	C	O	S	A	L	B	E	I	O	L
T	E	D	M	G	U	R	K	E	N	H	U
G	M	K	A	R	O	T	T	E	N	N	N
D	U	I	T	A	R	P	E	N	A	E	X
W	V	C	E	R	B	S	E	N	Ü	N	M
S	C	H	N	I	T	T	L	A	U	C	H

2. Vergleiche mit einem Partner.

3. Stelle eine Gemüseart mit Namen vor und male sie als Tänzer oder Tänzerin.

Baron Kartoffel

4. Schreibe mit einem Partner eine lustige Strophe zu deinen Gemüse-Tänzern. Tragt eure Strophen in der Klasse vor.

Mit dem Förster im Wald

S. 95, 96

1. Kreuze jeweils die richtige Lösung an.

Die Kinder treffen den Förster …
- O ☐ im Wald.
- P ☐ an der Bushaltestelle.
- W ☐ am Waldrand.

Der Förster führt seinen Hund an der Leine, …
- M ☐ damit er nicht bellt.
- A ☐ damit er kein Wild aufscheucht.
- L ☐ weil er sonst nicht mitgeht.

Er zeigt den Kindern zuerst eine …
- J ☐ kleine Buche mit glatter Borke.
- G ☐ alte Buche mit rauer Borke.
- S ☐ große Buche mit glatter Borke.

Das Blätterdach sorgt dafür, dass das Regenwasser …
- S ☐ langsam in die Erde dringt.
- D ☐ die Erde nicht erreicht.
- U ☐ die Erde sauber wegschwemmt.

Die Kinder finden Früchte der Buche im alten Laub. Sie heißen …
- T ☐ Buchackern.
- W ☐ Buchkickern.
- E ☐ Bucheckern.

Die Früchte der Eiche heißen …
- N ☐ Eichlein.
- R ☐ Eicheln.
- L ☐ Eichlen.

2. Aus den Buchstaben vor den richtigen Antworten ergibt sich das Lösungswort.

Die Wurzeln nehmen die Nährstoffe mit dem ☐ ☐ ☐ ☐ ☐ ☐ auf.

S. 97

Im Ameisenhaufen

1. Schreibe die Ziffern aus dem Text in die passenden Kreise der Abbildung.
   Der Förster führt die Kinder zu einem Ameisenhaufen. Er erklärt, wie es im Inneren der Ameisenburg aussieht. Alles, was die Ameisen fressen, schleppen sie in ihren Bau: Pflanzen und Reste von toten Tieren (1).
   Im Inneren des Hügels gibt es viele Gänge und Kammern. Hier legt die Königin ihre Eier (2). Aus den Eiern schlüpfen kleine Maden. Sie werden von den Arbeiterinnen gefüttert, bis sie fett sind (3). Dann spinnt sich die Made ein und ruht einige Zeit (4). Schließlich schlüpft aus dieser Puppe eine neue, fertige Ameise (5).

2. Schreibe zu den vier Abbildungen jeweils einen Satz in dein Heft.

Der Traum vom Fliegen

S. 98, 99

Die Flieger

1. a) Umrahme die zusammengehörenden Kästchen mit derselben Farbe.

Otto Lilienthal und sein Bruder

flog als erster Mensch ohne Zwischenlandung über den Atlantik.

Die Brüder Wright (sprich „rait“)

bauten einen Motor in ihren Doppeldecker ein.

beobachteten Störche.

Charles Lindberg

b) Überprüfe deine Ergebnisse, S. 98.

c) Schreibe die Sätze geordnet ins Heft.

Die Luftfahrzeuge

2. Setze den Namen des passenden Luftfahrzeugs ein.

a) Der ______ braucht keine lange Landebahn.

b) Der ______ fliegt ohne Motor.

c) In einen ______ passen bis zu 853 Personen.

d) Jeder darf einen ______ unter 5 kg fliegen lassen.

3. Überprüfe die Ergebnisse mit einem Partner.

Informationen zum „Traum vom Fliegen“ findest du auf Kinderwebseiten im Internet.

Der gestiefelte Kater

S. 105 – 112

Die Zahl 3 kommt in vielen Märchen vor, auch in diesem.

1. Setze die Zahl und die Wörter ein.

Der Müller hatte ___ Söhne. Er vererbte ihnen:

1) die ______ 2) den ______ 3) den ______

Die Märchenzahl 3

Der Zauberer besaß ___ große Ländereien.

1) eine große ______

2) ein großes ______

3) einen großen ______

Wie viele Leute arbeiteten auf den ___ Ländereien?

1) über ______

2) über ______

3) mehr als ______

Der Zauberer verwandelte sich in ___ Tiere.

1) ______ 2) ______ 3) ______

Der gestiefelte Kater

S. 105 – 112

Der Kater überlegt genau, was er tut.

1. Kreuze an, welche Gründe er hat.

Es sind immer **zwei** richtig.

1) Der Kater möchte ein Paar feine Stiefel haben,

c ☐ weil er seine Pfoten nicht schmutzig machen will.
k ☐ damit er vornehm aussieht.
l ☐ weil er aufrecht gehen möchte wie ein Mensch.

2) Der Kater fängt die Rebhühner,

u ☐ weil er eine Belohnung vom König erhalten will.
r ☐ weil der Müllersohn etwas zu essen braucht.
g ☐ weil der König gierig auf Rebhühner ist.

3) Am See versteckt er die Kleider des jungen Müllers,

e ☐ denn er will schöne Kleider vom König bekommen.
z ☐ damit sie nicht gestohlen werden.
K ☐ damit der König die alten Kleider nicht sieht.

4) Die Leute des Zauberers tun, was der Kater sagt,

a ☐ weil er ihnen mit harter Strafe droht.
t ☐ weil ein Kater in Stiefeln nur vom Zauberer kommen kann.
u ☐ weil er ein so nettes Tier ist.

5) Der Kater möchte, dass sich der Zauberer in eine Maus verwandelt,

e ☐ damit er sie fangen und fressen kann.
f ☐ weil die Verwandlung in ein kleines Tier besonders schwer ist.
r ☐ damit der Müller alle Reichtümer des Zauberers bekommt.

2. Schreibe die Buchstaben vor den angekreuzten Antworten nacheinander in die Lücken.

Die Lösung: Der ☐☐☐☐☐ ☐☐☐☐☐

war das beste Erbe von allen.

Frau Holle

S. 113 – 119

1. In jedem Satz fehlt ein Wort. Du findest es im Lesetext.
   Schreibe es in die zugehörigen Kästchen.
   Senkrecht ergibt sich das Lösungswort.

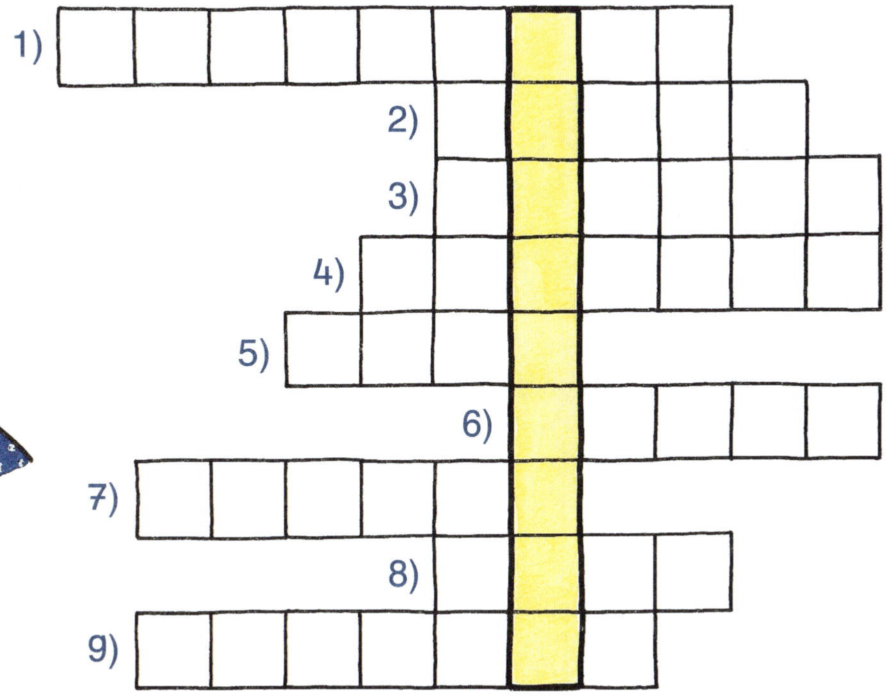

1) Frau Holle war sehr zufrieden mit dem … Mädchen.
2) Das Mädchen hatte es gut bei Frau …
3) Traurig … es: „Ich habe Heimweh."
4) Frau Holle antwortete: „Du hast mir treu …"
5) Sie … das Mädchen bei der Hand.
6) … Gold blieb an ihm hängen.
7) Sie gab dem Mädchen auch die Spule …
8) Das Tor schloss …
9) Der Hahn saß auf dem …

2. Wie nennt der Hahn das heimkehrende fleißige Mädchen?

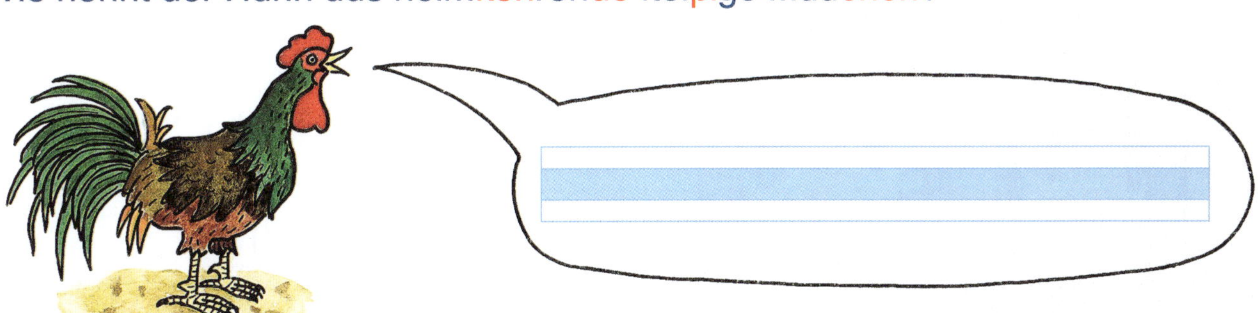

S. 113 – 119

1. Ergänze die Sätze. Kreuze die richtige Begründung an.

1) Die Mutter und die Schwester freuen sich, als Goldmarie wieder nach Hause kommt,

A ☐ weil sie Goldmarie lieb haben.
S ☐ weil sie sich Sorgen um sie gemacht haben.
P ☐ weil sie viel Gold nach Hause bringt.

2) Die hässliche Tochter setzt sich ans Spinnrad,

D ☐ weil sie gerne arbeiten will.
E ☐ weil sie schnell reich werden will.
S ☐ weil sie auch so fleißig wie ihre Schwester sein will.

3) Sie holt die Brote nicht aus dem Ofen,

U ☐ weil sie noch nicht fertig gebacken sind.
R ☐ weil sie noch keinen Hunger hat.
C ☐ weil sie sich nicht schmutzig machen will.

4) Sie schüttelt die Äpfel nicht vom Baum,

O ☐ weil sie noch nicht ganz reif sind.
F ☐ weil sie keinen Korb zum Aufsammeln der Äpfel hat.
H ☐ weil sie Angst hat, dass ihr ein Apfel auf den Kopf fallen könnte.

2. Aus den Buchstaben vor der richtigen Begründung kannst du das Lösungswort bilden:

Als die faule Tochter unter dem Tor stand,
floss ☐☐☐☐
in Strömen.

S. 120 – 122

Joshi war ein armer Steinmetz.
Im Haus des reichen Mannes war er zum ersten Mal unzufrieden.

1. Ergänze die Sätze.

Wie veränderte sich Joshi?		Aber Joshi ist nicht zufrieden. Was sagte er?
1) Er wurde ein reicher Mann.	aber	(Z. 24) „Ich wünschte, ich wäre ein Prinz“, sagte Joshi.
2) Er wurde ein	aber	(Z. 33) murmelte Joshi.
3) Er wurde die	aber	(Z. 46) schrie Joshi.
4) Er wurde eine	aber	(Z. 63) murrte Joshi.
5) Er wurde ein	aber	(Z. 73) sagte Joshi.
6) Er wurde ein Mensch.		

2. Wie fühlte sich Joshi jetzt?

(Z. 79) ____________________

Ein Kind aus Indien erzählt

S. 126 – 130

1. Schneidet die Karten auf Seite 75 und 77 aus und mischt sie.
Zieht abwechselnd eine Karte und stellt dem Partner die Frage.
Antwortet er richtig, darf er die Karte behalten.
Wer am Schluss die meisten Karten hat, hat gewonnen.

Hunger und Armut in Indien heute

S. 131

2. Welche Sätze stimmen? Kreuze sie an.

	stimmt	stimmt nicht
1) Indien hat ungefähr 1,3 Hundert Einwohner.		
2) In Indien wird mit Rupien gezahlt.		
3) Mit den Männchen im Schaubild sind nur Männer und Frauen gemeint. 		
4) Mit den Männchen im Schaubild sind Männer, Frauen, Kinder, Jugendliche und Alte gemeint.		
5) Die rot umrandeten Männchen zeigen, wie viele Menschen an Hunger oder Unterernährung leiden.		
6) Diese Menschen haben keine Arbeit und kein eigenes Ackerland. 		
7) Ushas Vater hat Arbeit und verdient 100 Rupien am Tag. 		
8) Ushas Mutter verdient genauso viel wie der Vater.		
9) Mutter und Großmutter können nur arbeiten, wenn es regnet. 		
10) In den Ferien können Usha und Raja fast halb so viel wie Mutter und Großmutter verdienen.		

Kinder aus Deutschland erzählen

S. 132 – 133

Steckbrief

Beke

Felix

Elena

Ayushi

1. Suche dir ein Kind aus und schreibe auf, was du von ihm weißt.

Name: Das Kind, das ich beschreiben will, heißt ____________________

Alter: Es ist ____________________

Herkunftsland: Seine Eltern sind ____________________

Geschwister: Es hat ____________________

____

Schule: Es geht in ____________________

Hobbys: In der Freizeit spielt ____________________

____

__________ spielt Theater, weil ____________________

____

____

Nils Holgerssons wunderbare Reise

S. 139 – 147

Nils wird in ein Wichtelmännchen verwandelt.

Nils ärgerte das Wichtelmännchen. Dafür wurde er bestraft.

1. Ergänze die Bilder nach seiner Verwandlung.

Nils im Zimmer

Nils und die Hühner

Nils und Mieze

2. Wie fühlt sich Nils jetzt? Schreibe die Antwort in dein Heft.

Führe ein Lesetagebuch.

1. Ergänze die Tagebucheinträge für den 2. Leseabschnitt (S. 143, 144).

Personen und Tiere:

Nacherzählung: 2. Leseabschnitt

Wie fühlt sich Nils am Ende des 2. Leseabschnitts?

2. Hat dir der Textabschnitt gefallen? Kreise ein. ☺ 😐 ☹

3. Fiel es dir leicht, ein Lesetagebuch zu führen? Tausche dich aus.

Nils Holgerssons wunderbare Reise

S. 139 – 147

Nils und Martin fliegen mit den Wildgänsen weg.

1. Schreibe die passenden Wörter aus der Geschichte in die Lücken.

Der weiße ________ Martin wünschte sich schon lange, mit den Wildgänsen nach Lappland zu fliegen. Er trainierte eifrig. Jetzt flog eine Schar von ________ über den Hof. Martin hob die Flügel. Mit diesen Gänsen wollte er wegfliegen. Da hängte sich ________ an seinen Hals, aber er hatte nicht genug Kraft. Er hatte vergessen, dass er ein ________ war. Martin holte die Wildgänse bald ein. Nils konnte nicht mehr abspringen, ohne sich das ________ zu brechen. Die Reise begann.

2. Nils sah ganz klein den Hof seiner Eltern, das Dorf und die Felder. Er nahm Abschied. Mit Martin flog er vielen neuen Abenteuern entgegen. Male das Bild aus.

3. Denke dir ein Abenteuer mit Nils und Martin aus. Schreibe ins Heft.

Wir erstellen ein Hörbuch

Wir schreiben das Drehbuch für die Seiten des Kapitels „Nils – ein böser Junge“, S. 139, 140.

1. Bildet 3er-Gruppen und schreibt auf, welche **Geräusche** und welche **Stimmen** zu den Textstellen passen. Abkürzung in der Tabelle **G / St**. Die Bilder helfen euch.

Erzähler	Textstelle	Tonaufnahme: die **Geräusche** und **Stimmen**
E.	Überschrift	Titelmelodie
E.	Z. 17 – 19 	**St**: Vater sagt streng: „Mach ja keinen ____ ! Du musst ____ !“ **G**: Vater geht weg (Schritte). Tür schließt sich.
E.	Z. 20 	**G**: Nils ____ **St**: Nils stöhnt: „ ____ !“
E.	Z. 21 	**G**: ____
E.	Z. 23 	**G**: ____ **St**: Nils: „ ____ ?“
E.	Z. 24 – 25	wird vorgelesen, ohne **Geräusche** oder **Stimme**
Nils	Z. 30 – 31 	**St**: Der Zwischensatz wird nicht gelesen. Wie spricht Nils? ____

2. Probiert aus, wie die Geräusche hergestellt werden können.
3. Verteilt die Rollen und übt sie. Dann kann die Tonaufnahme beginnen.

Tipp: Teilt die weiteren Seiten in der Klasse auf und bearbeitet sie.

Filmtiere für Nils Holgersson

S. 150, 151

1. Was ist richtig? Kreuze an. Die Buchstaben dort ergeben das Lösungswort.

1) In einer Filmtierschule …
   - A ☐ lernen Tiere lesen und schreiben.
   - F ☐ wird mit den Tieren für den Film geübt.

2) Marco wird von den Gänseküken für ihre Gänsemutter gehalten, weil …
   - D ☐ er die Gänsesprache spricht.
   - R ☐ er seit ihrem Schlüpfen täglich mehrere Stunden mit ihnen spielt.

3) Marcos Lieblingstier ist der Rabe mit dem Namen …
   - F ☐ Bitaka.
   - E ☐ Bataki.
   - G ☐ Tibaka.

4) „Der Rabe hat zu seinem Trainer eine **ganz enge Bindung**“ bedeutet:
   - H ☐ Der Rabe wird eng angebunden, damit er nicht wegfliegt.
   - U ☐ Der Rabe ist besonders zutraulich gegenüber seinem Trainer.

5) Die Fuchsbrüder „Wodka“ und „Sputnik“ kamen …
   - D ☐ aus Russland und waren gute Schauspieler.
   - E ☐ aus Marcos Tierschule und waren gute Schauspieler.

6) Wo sind die Filmtiere jetzt?
   - G ☐ Sie sind noch immer in Schweden.
   - E ☐ Sie leben an verschiedenen Orten in Deutschland.

2. Setze das Lösungswort ein:

Nur wenn die Tiere ☐☐☐☐☐☐ an ihren Aufgaben haben, werden sie gute Schauspieler.

Worüber der Franz unzufrieden ist

S. 152 – 154

1. Lies die Abschnitte im Lesebuch.
   Schreibe dann die passenden Wörter in die Lücken.

1) Franz hat ein Problem (Zeile 1 bis 14)

Es geht ums Fernsehen.

Die Eltern haben kein Kabel __________ und keine Satelliten-Schüssel. Sie wollen es nicht.

Franz kann nur drei __________ sehen.

Die anderen Kinder können zwanzig Programme sehen.

2) So fühlt sich Franz in der Schule (Zeile 15 bis 29)

Er kommt sich wie „__________ __________“ vor.

Franz kann nie mitreden, wenn die anderen Kinder über die Filme reden, die sie im Fernsehen angeschaut haben.

Franz mag nicht immer den __________ halten.

Er mag auch nicht, dass man seine Eltern für __________ oder __________ hält.

3) Franz hat eine Idee (Zeile 30 bis Ende des Textes).

Die Kinder reden über eine TV-__________ mit einem Schnüffel-Hund, die Franz nicht gesehen hat.

Jetzt erfindet Franz eine neue Serie und einen neuen __________, nämlich Sat-sechs.

Steckbrief Christine Nöstlinger

S. 155

1. Trage die Wörter aus den Sätzen unten richtig ein.

1) Christine Nöstlinger wurde am 13.10.1936 in … geboren.
2) Das ist die Hauptstadt von …
3) Ihr Vater war …, die Mutter Kindergärtnerin.
4) Ihr Mann, Ernst Nöstlinger, war …
5) Sie ist ebenfalls für Fernsehen, Radio und … tätig.
6) Aber berühmt ist sie für ihre vielen …- und Jugendbücher.
7) Schon mit ihrem ersten Buch hatte sie großen …
8) Es heißt „Die feuerrote …“.
9) Der Astrid-…-Gedächtnis-Preis ist einer der vielen Preise, die sie erhalten hat.

Lösungssatz: Christine Nöstlinger will mit ihren Büchern

Kinder ______________________.

2. Hast du die Lösungen im Text schnell gefunden? Sprich darüber.

Besuch in der Stadtbücherei

S. 156 – 160

1. Die Sätze sind auseinandergerissen worden.
Welche Satzteile gehören zusammen? Verbinde sie mit Linien in verschiedenen Farben.

(1) Eine Bibliothek ist	auf Regalen für ein bestimmtes Lesealter: zum Beispiel ab 6 Jahren, ab 8 Jahren. (i)
(2) In einer Bücherei kann man	dasselbe wie eine Bücherei. (S)
(3) Technik, Gartenbau, Romane sind	Sachgebiete bei den Kinderbüchern. (r)
(4) Märchen oder Tierbücher sind	Bücher, CDs und DVDs ausleihen. (a)
(5) Viele Kinderbücher stehen	in einer Bibliothek. Sie gibt Auskunft. (r)
(6) Die Bücher auf den Regalen sind	Sachgebiete in einer Bücherei. (u)
(7) Eine Bibliothekarin arbeitet	alphabetisch nach dem Nachnamen des Autors geordnet. (e)

2. Du hast die richtigen Satzteile verbunden, wenn die Buchstaben in den Kästchen den Namen von Franks Lieblingstier ergeben.
Er hat ein Buch darüber in der Bücherei gefunden:

(1)	(2)	(3)	(4)	(5)	(6)	(7)

3. Schreibe die Sätze ins Heft.

Wenn ein Löwe in die Schule geht

S. 166

1. Schreibe die passenden Wörter in die Lücken.

Wenn ein Kuckuck in die Schule geht,

lernt er „Kuckuck“ ______,

andere Nester ______,

seine Eier dort ______,

aber nicht seine Jungen ______.

Wenn ein Mäuschen in die Schule geht,

lernt es Mauslöcher ______

und Maiskörner ______,

vor der Katze nicht ______, sondern ______.

2. Finde die Reimwörter: Was Tiere und Menschen tun

Störche klappern – Babys (p) ______

Hähne krähen – Bauern (m) ______

Hühner picken – Buben (k) ______

Spechte pochen – Mütter (k) ______

Rehe springen – Kinder (s) ______

Der Herbst steht auf der Leiter

S. 167

Herbst-Elfchen

Elfchen sind einfache und beliebte Gedichte. Das Beispielgedicht zeigt dir die Bauform eines Elfchens.

Herbst
bunte Blätter
fallen vom Baum
ich hebe sie auf
wunderschön

1. Schreibe auch ein schönes Herbst-Elfchen:
   In jedes Kästchen nur ein Wort, wie in dem Beispiel oben.

Bruder Jakob

S. 169

Dieses Kinderlied wird auf der ganzen Welt in vielen Sprachen gesungen. Komponiert wurde die Melodie vor dreihundert Jahren in Frankreich.

Es wird erzählt, dass der faule Bauernsohn Jakob in einem Kloster als Mönch eine Anstellung fand. Er sollte morgens, mittags und abends die Glocken läuten. Bruder Jakob schlief gern und lange. Er läutete die Glocken, wenn er gerade aufgewacht war.

In dem Dorf gab es aber noch eine zweite Kirche. Ihre kleine Glocke ertönte immer zur richtigen Stunde. Jeder konnte hören, wenn die Klosterglocken wieder zu spät geläutet wurden.

Wenn die Kinder früh zur Schule gingen, hörten sie, wie Bruder Jakob im Glockenstübchen schnarchte. Dann riefen sie einen Spottvers auf den Langschläfer: „Bruder Jakob, schläfst du noch? Hörst du nicht die Glocken? Ding, dang, dong.“

Bruder Jakob störte sich nicht am Spott der Kinder. Manchmal sang er den Vers im Kanon mit.

1. So könnte das kleine Lied entstanden sein. Was meint ihr?
2. In welchem Land ist das Lied entstanden?
3. Wo fand Jakob eine Anstellung?
4. Warum sangen die Kinder einen Spottvers auf Jakob?

Nikolauslegende

Die Stadt Myra heißt heute Demre und liegt in der Türkei in der Nähe des Ferienortes Antalya. Nikolaus lebte im 4. Jahrhundert nach Christus. Über ihn werden viele Legenden erzählt. Den Nikolaustag feiern wir am 6. Dezember. Wenn du diesen Text und die Legende von der Kornvermehrung im Lesebuch aufmerksam gelesen hast, kannst du die Fragen beantworten.

1. Unterstreiche die richtigen Antworten.

1) Welchen Beruf übte Nikolaus aus?
(D) Kapitän (F) Bürgermeister (A) Bischof

2) Wie hieß seine Stadt damals?
(K) Istanbul (N) Myra (O) Athen

3) Wann lebte Nikolaus?
(T) im 4. Jahrhundert nach Christus (Z) im 2. Jahrhundert nach Christus (D) im 6. Jahrhundert nach Christus

4) Wann feiern wir den Nikolaustag?
(G) am 24. Dezember (A) am 6. Dezember

5) Warum wollten die Matrosen kein Getreide verkaufen?
(R) Sie waren geizig. (L) Sie hatten Angst. (F) Sie hatten Hunger.

6) Was stellte der kaiserliche Aufseher fest?
(E) Es fehlten 10 Säcke. (Y) Es fehlte nichts.

7) Wie lange reichte das Korn?
(A) zwei Jahre (L) vier Jahre (F) ein Jahr

2. Die Buchstaben davor ergeben das Lösungswort.

Myra, heute Demre, liegt in der Nähe

der Stadt ☐☐☐☐☐☐☐.

Nikolausgedicht

S. 171

1. Lies jede Strophe genau. Schließe nach jeder Strophe die Augen.
   Stell dir vor, welches Bild du malen könntest.
2. Male zu folgenden Strophen ein Bild, das zum Text passt.

Strophe 2

Wir bringen alles rein ins Haus,
du setzt dich in die Ecke
und ziehst die schweren Stiefel aus,
ich hol dir noch 'ne Decke.

Strophe 3

Du musst doch wirklich müde sein.
Drum mach ich jetzt auch ganz allein
den großen Sack zur Hälfte leer,
dann hast du's nachher nicht so schwer.

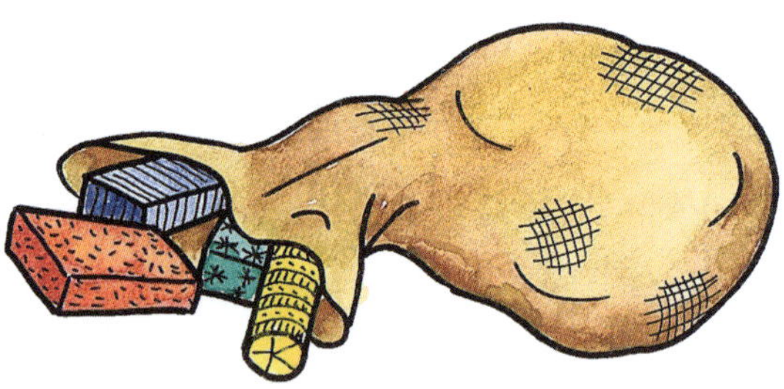

Strophe 4

Wenn du aufwachst, bring ich dir
noch schnell etwas zu trinken.
Du ziehst weiter, ich bleib hier
und werd' am Fenster winken.

Wer kommt zur Weihnachtszeit?

S. 173

1. Was gehört zu wem? Male die Rahmen in den richtigen Farben an.

kommt in der Nacht vom 5. auf den 6. Januar

trägt meistens einen roten Mantel mit Mütze

tritt auch in Gruppen auf

hat eine Rute und einen Sack dabei

man isst Lussekatter

Schweden

Österreich und Bayern

Italien

erschreckt die Kinder

reitet auf einem Besen

trägt auf dem Kopf einen grünen Kranz mit brennenden Kerzen

sucht das Jesuskind

ist furchterregend und begleitet den heiligen Nikolaus

kommt auch als Weihnachtsmann

Deutschland

13. Dezember

2. Überprüft gegenseitig die Ergebnisse und schreibt sie geordnet und in ganzen Sätzen ins Heft.

Die Zwölf mit der Post

S. 174 – 176

1. Schreibe die richtigen Namen unter die 12 Monate.
2. Ergänze in den 3 Feldern des äußersten Ringes die richtigen Jahreszeiten.
3. Male die Felder der Monate und Jahreszeiten, die zusammengehören, in einer Farbe aus.
4. Klebe die Figuren von Seite 73 ein.

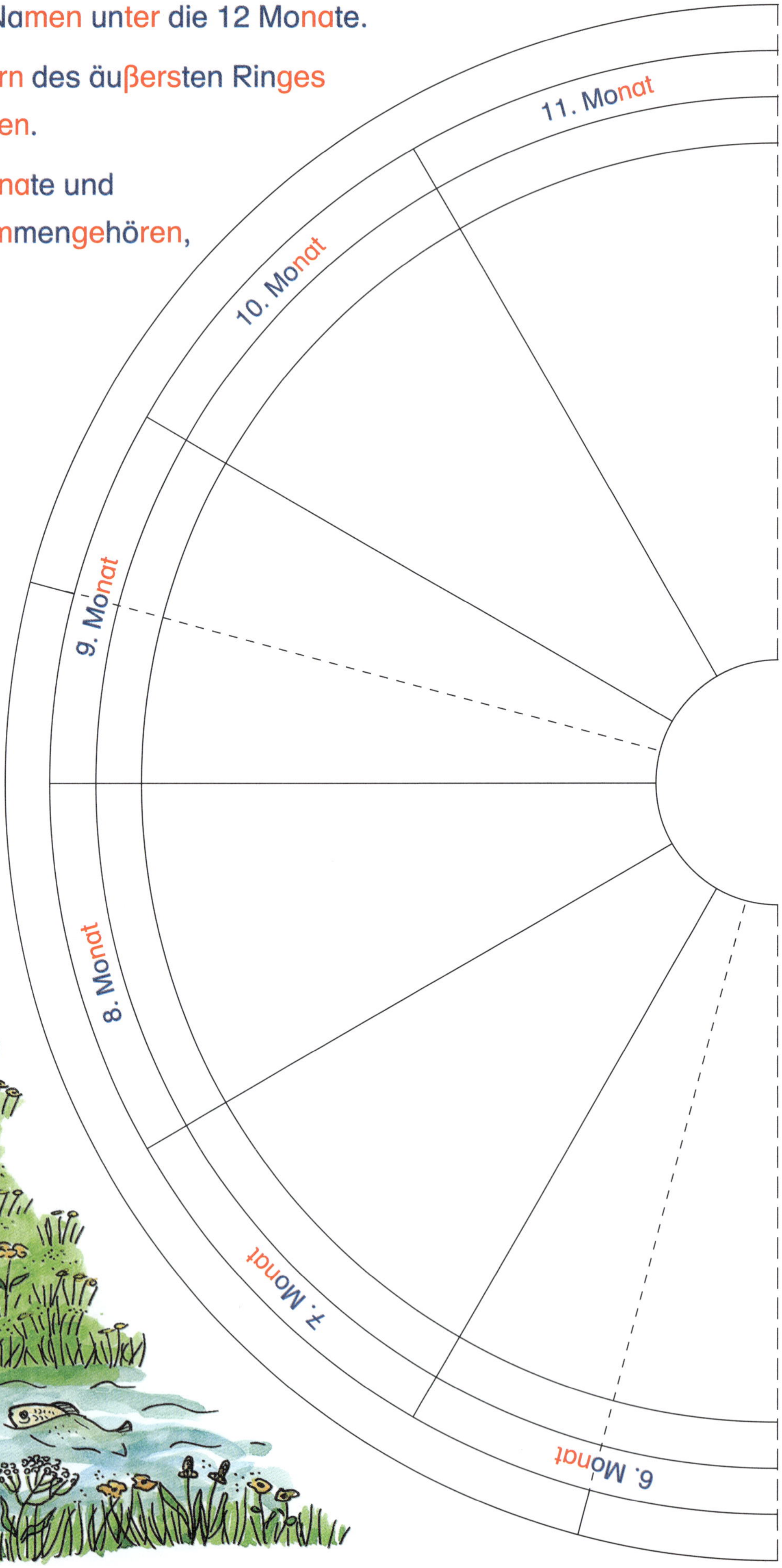

Die Zwölf mit der Post

S. 174 – 176

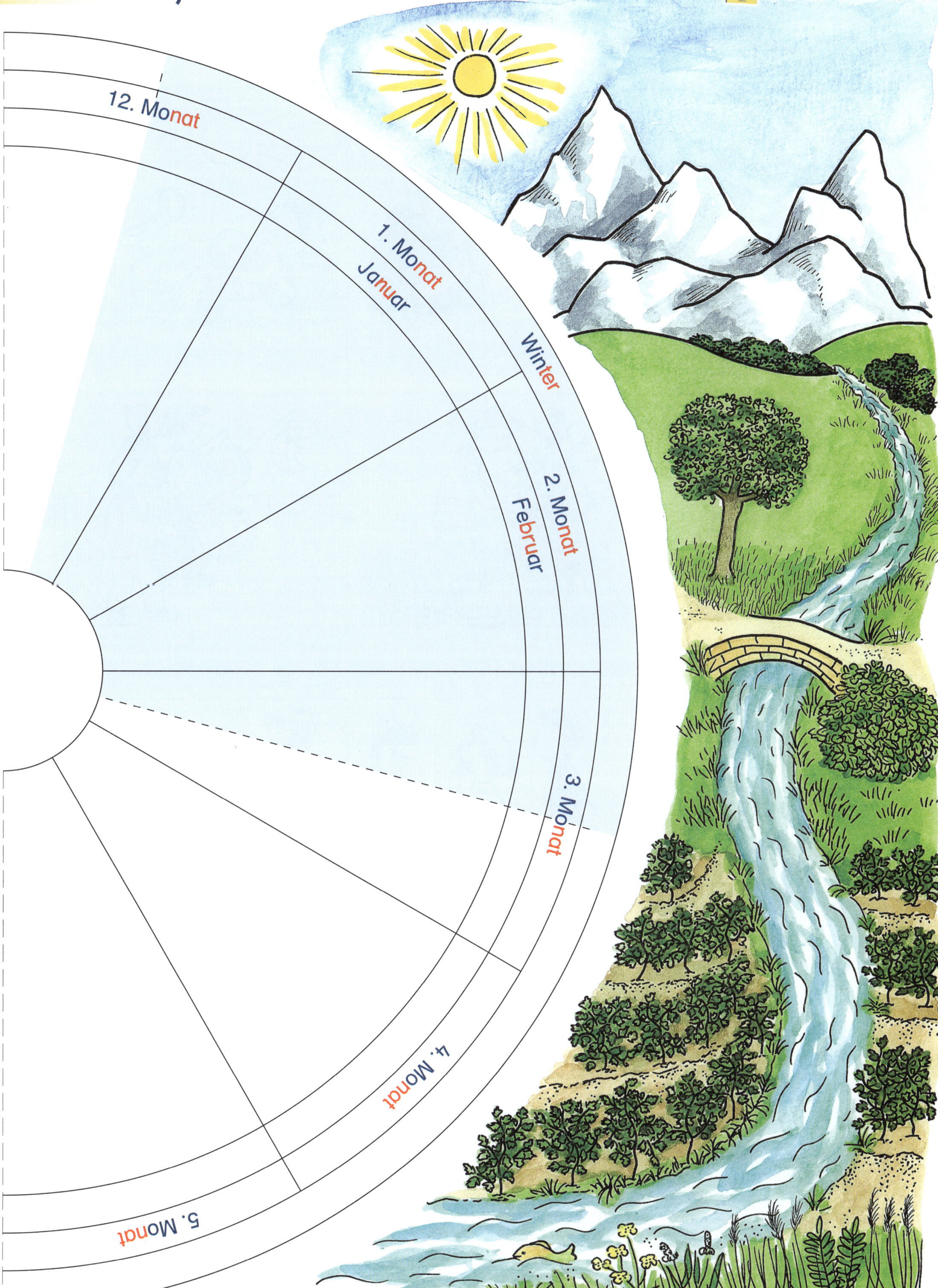

S. 174 – 176

1. Schreibe die Monatsnamen unter die passenden Bilder.

Winterbild

S. 177

1. Schreibe die passenden Wörter in die Lücken.

Auf dem Bild vom Winter gibt es wenige Farben:

__________ ist das Land,

__________ ist der Baum,

__________ ist der Himmel dahinter.

Auf dem Bild vom Winter gibt es wenig zu sehen:

Nur auf dem __________,

auf dem __________ Baum,

hocken zwei schwarze __________.

Die Krähen sind ganz starr vor Kälte, denn

sie __________ dort

und __________ nicht fort.

Sie __________ nur und schweigen.

Wer das Bild anschaut, soll merken, wie kalt der Winter ist.

Der zieht einen dicken __________ an

vor lauter Zittern und __________.

2. Übe das Gedicht im Lesebuch zum Vorlesen.
Betone die Wörter, die vom kalten Winter sprechen.
Viele davon hast du in Aufgabe 1 geschrieben.

S. 178

Was der Frühling alles bringt

1. Schreibe die Namen unter die Bilder.

kus Veil glöck Kro chen chen Schnee

be che Schwal Star Ler

bee Erd ren bee Him ren han ren Jo nis bee

S. 178

Der Mensch hat fünf Sinnesorgane.
Er kann riechen, sehen, hören, fühlen und schmecken.

1. Trage das passende Verb in die Sätze ein.
   Schreibe auf, woran jeder den Frühling erkennt.

Die Mutter kann den Frühling ________________.

Sie riecht ________________________________.

Pit kann den Frühling ________________.

Er sieht die ________________________________

____.

Anja kann den Frühling ________________.

Sie hört die ________________________________

____.

Vater kann den Frühling ________________.

Er fühlt die ________________________________

____.

Aber ________________ kann man den Frühling noch nicht. Die ________________ sind noch nicht reif.

Zwölf Ostereier

S. 179

1. Male die Eier passend zu den Zeilen in das Bild.

Eins legte er unter die Rasenbank,
drei zwischen das grüne Efeugerank,
vier lagen im Hyazinthenbeet,
drei, wo die weiße Narzisse steht,
eins weit oben auf dem Ast.

Tipp:
Die Anordnung der Zahlen hilft dir beim Auswendiglernen des Gedichtes.

2. Male nun das ganze Bild farbig aus. Vergiss die Katze nicht.

Ein Osterhase

S. 179

1. Beantworte die Scherzfragen.
   a) Der Hase hat ein Ei übersehen. Kannst du es finden? Kreise es ein.
   b) Wie viele Eier hat der Hase insgesamt in seinem Korb?

2. Male das Bild an. Denke an ein Verkehrszeichen.

Ein Osterhase

S. 179

1. Wähle die Überschriften aus und schreibe sie über das passende Wortbild.

Was ist da drin? | Was schwimmt da? | Was zuckt da?

2. Male neben den Text das richtige Bild und schreibe eine neue Überschrift.

WolkeWolkeWolke
WolkeWolkeWolkeWolke
WolkeWolkeWolkeWolkeWolke
WolkeWolkeWolkeWolke
Wolke Wolke
B Bl
l i it
i t z
t z
z

wasserwasserwasser
wasserwasserwasser
wasserfischwasserw
asserwasserwasser
wasserfischwasser
wasserwasserwas
serwasserwasserwas
serwasfischserwasser
wasserwasserwasser
wasserwasserwasser

bir
nebir
nebirne
birnebirne
birnebirnebirne
birnebirwurmnebir
nebirnebirnebirne
birnebirnebirne
birnebirnebir
nebirne

Zum Muttertag

S. 180

1. Gestalte für deine Mutter ein Schmuckblatt mit einem Elfchen.

   Erinnere dich: Elfchen sind kurze Gedichte, die sich nicht reimen.
   Sie bestehen aus elf Wörtern in fünf Zeilen.

1. Zeile – 1 Wort:	(z. B. Adjektiv)
2. Zeile – 2 Wörter:	(z. B. Nomen mit Artikel)
3. Zeile – 3 Wörter:	(z. B. Wie ist es? Wo ist es? Was geschieht?)
4. Zeile – 4 Wörter:	(z. B. Satz, der mit „ich" anfängt)
5. Zeile – 1 Wort:	Schluss

Das Elfchen für deine Mutter kannst du auch leicht verändert schreiben.
Hier sind zwei Beispiele:

2. Denke an das, was du an deiner Mutter magst, was sie für dich tut, was sie freuen könnte und schreibe dein Elfchen:

S. 181

1. Lies das Gedicht von Ilse Kleberger genau durch.
Schreibe jeweils vier Dinge aus dem Gedicht auf, die man im Sommer riecht, die man schmecken kann und die klingen.

Ich rieche ...

Ich schmecke ...

Ich höre ...

Ausschneideblatt zu Seite 62

1. Überlegt, welche Figur für welchen Monat steht.
   Beachtet das Geschwisterpaar.
2. Schneide die Figuren aus und klebe sie in das richtige Feld auf
   Seite 62 und 63.

Warum freut sich Usha auf die Schule in der Stadt?

Swetha erzählt immer, dass sie die Schule toll findet.

Wer bezahlt das Schulgeld für Raja und Swetha?

Schulpaten aus Europa bezahlen das Schulgeld.

Was ist der Monsun?

Der Monsun ist die Regenzeit im Sommer.

Wie heißt der längste Fluss in Indien?

Der längste Fluss Indiens heißt Ganges.

Welches Gebirge bildet die Grenze im Norden?

Der Himalaya bildet die Grenze zu China im Norden.

Welches ist das größte Säugetier Indiens?

Das größte Säugetier ist der Indische Elefant.

Wie heißt das berühmteste Raubtier Indiens?

Indiens berühmtestes Raubtier ist der Königstiger.

Woher hat Indien seinen Namen?

Der Fluss Indus hat dem Land seinen Namen gegeben.

Wie heiß wird es in Indien im Sommer?

Im Sommer wird es in Indien bis 50 Grad heiß.

Wie heißt die sehr gefährliche Giftschlange?

Die Giftschlange heißt Kobra oder Brillen-schlange.

Wie heißt die Hauptstadt von Indien?

Die Hauptstadt heißt Neu-Delhi.

Wie viel sind 10 Rupien in Euro umgerechnet?

1 Euro sind 50 Rupien. 10 Rupien sind 20 Cent.

Ausschneideblatt 2 zu Seite 46

Wo liegt das Dorf Motakondur?

Das Dorf Motakondur ist 80 km von Hyderabad entfernt.

Wie heißen Ushas Geschwister?

Ushas Geschwister heißen Swetha und Raja.

Wo arbeiten Mutter und Großmutter?

Sie arbeiten auf den Feldern eines reichen Bauern.

Wo arbeitet der Vater?

Der Vater arbeitet in einer Ziegel-brennerei.

Was machen Usha und Raja in den Ferien?

Manchmal besuchen sie den Vater in der Ziegelbrennerei und helfen mit.

Warum reiten die Kinder ins Nachbardorf?

Sie kaufen auf dem Markt Reis und Gemüse ein.

In welchen Monaten geht Usha in die Dorfschule?

Usha geht von Juli bis März in die Dorfschule.

Welche Kleidung trägt Usha in der Schule?

Sie trägt eine blauweiße Schuluniform.

Was macht Usha, wenn die Schulkleidung zu klein wird?

Sie tauscht die Schulkleidung mit anderen Schülerinnen.

Wo gehen Raja und Swetha zur Schule?

Raja und Swetha besuchen die Schule in der Stadt Raigir.

Wann kommen die älteren Geschwister nach Hause?

Sie kommen nur in den Ferien nach Hause.

Was will Swetha einmal werden?

Swetha will Kranken-schwester werden.

Ausschneideblatt zu Seite 18

1. In den Streifen steht, was Klara sagt. Schneide die Streifen aus und klebe sie in der richtigen Reihenfolge auf das Arbeitsblatt **Die Torte**, Seite 18.

Ich will sehen, ob sie noch da ist. Vielleicht hat sie jemand geklaut.

Siehst du, die Torte war schlecht!

Sahnetorten werden am schnellsten in der Mitte schlecht.

Vielleicht ist sie schlecht. Dann werden sich die Tanten vergiften.

Ich probiere die linke Seite und du die rechte Seite.

In der Küche gibt es eine Torte.

2. Schneide die Torte aus und klebe sie in das richtige Bild auf dem Arbeitsblatt **Die Torte**, Seite 18.

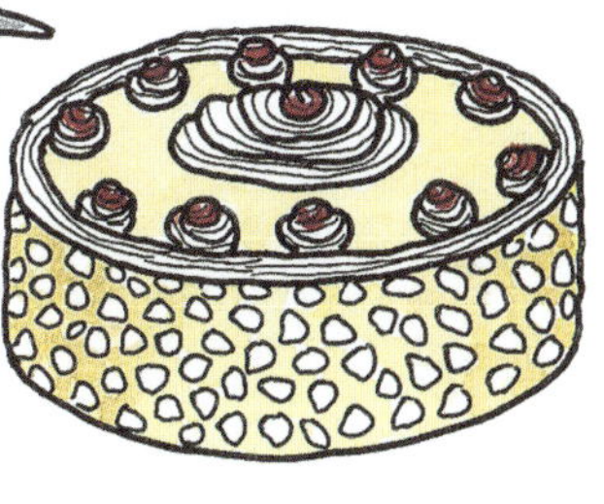